Poesie für Kinder

Die Bürgschaft

von Friedrich Schiller

Mit Bildern von Jenny Brosinski

KINDERMANN VERLAG

Zu Dionys, dem Tyrannen, schlich
Damon, den Dolch im Gewande;
ihn schlugen die Häscher in Bande.
»Was wolltest du mit dem Dolche, sprich!«
entgegnet ihm finster der Wüterich. –
    »Die Stadt vom Tyrannen befreien!«
»Das sollst du am Kreuze bereuen.«

»Ich bin«, spricht jener, »zu sterben bereit
und bitte nicht um mein Leben;
doch willst du Gnade mir geben,
ich flehe dich um drei Tage Zeit,
bis ich die Schwester dem Gatten gefreit;
ich lasse den Freund dir als Bürgen –
ihn magst du, entrinn' ich, erwürgen.«

Da lächelt der König mit arger List
und spricht nach kurzem Bedenken:
»Drei Tage will ich dir schenken.
Doch wisse: Wenn sie verstrichen, die Frist,
eh du zurück mir gegeben bist,
so muss er statt deiner erblassen,
doch dir ist die Strafe erlassen.«

Und er kommt zum Freunde: »Der König gebeut,
dass ich am Kreuz mit dem Leben
bezahle das frevelnde Streben;
doch will er mir gönnen drei Tage Zeit,
bis ich die Schwester dem Gatten gefreit,
so bleib du dem König zum Pfande,
bis ich komme, zu lösen die Bande.«

1. Tag

Und schweigend umarmt
          ihn der treue Freund
und liefert sich aus dem Tyrannen,
der andere ziehet von dannen.
Und ehe das dritte Morgenrot scheint,
hat er schnell mit dem Gatten
          die Schwester vereint,
eilt heim mit sorgender Seele,
    damit er die Frist nicht verfehle.

2. Tag

3. Tag

Da gießt unendlicher Regen herab,
von den Bergen stürzen die Quellen,
und die Bäche, die Ströme schwellen.
Und er kommt ans Ufer mit wanderndem Stab,
da reißet die Brücke der Strudel hinab,
und donnernd sprengen die Wogen
des Gewölbes krachenden Bogen.

Und trostlos irrt er an Ufers Rand:
Wie weit er auch spähet und blicket
und die Stimme, die rufende, schicket –
da stößet kein Nachen vom sichern Strand,
der ihn setze an das gewünschte Land,
kein Schiffer lenkt die Fähre,
und der wilde Strom wird zum Meere.

Doch wachsend erneut sich des Stromes Wut,
und Welle auf Welle zerrinnet,
und Stunde an Stunde entrinnet,
da treibt ihn die Angst, da fasst er sich Mut
und wirft sich hinein in die brausende Flut
und teilt mit gewaltigen Armen
den Strom, und ein Gott hat Erbarmen.

Und gewinnt das Ufer und eilet fort
und danket dem rettenden Gotte:
Da stürzet die raubende Rotte
hervor aus des Waldes nächtlichem Ort,
den Pfad ihm sperrend, und schnaubet Mord
und hemmet des Wanderers Eile
mit drohend geschwungener Keule.

»Was wollt ihr?« ruft er, für Schrecken bleich;
»Ich habe nichts als mein Leben,
das muss ich dem Könige geben!«
Und entreißt die Keule dem nächsten gleich:
»Um des Freundes willen erbarmet euch!«
Und drei, mit gewaltigen Streichen,
erlegt er, die andern entweichen.

Und die Sonne versendet glühenden Brand,
und von der unendlichen Mühe
ermattet, sinken die Knie:
»O, hast du mich gnädig aus Räuberhand,
aus dem Strom mich gerettet ans heilige Land,
und soll hier verschmachtend verderben,
und der Freund mir, der liebende, sterben!«

Und horch! Da sprudelt es silberhell
ganz nahe, wie rieselndes Rauschen,
und stille hält er, zu lauschen;
und sieh, aus dem Felsen, geschwätzig, schnell,
springt murmelnd hervor ein lebendiger Quell,
und freudig bückt er sich nieder
und erfrischet die brennenden Glieder.

Und die Sonne blickt durch der Zweige Grün
und malt auf den glänzenden Matten
der Bäume gigantische Schatten;
und zwei Wanderer sieht er die Straße ziehn,
will eilenden Laufes vorüberfliehn,
da hört er die Worte sie sagen:
»Jetzt wird er ans Kreuz geschlagen.«

»Zurück! Du rettest den Freund nicht mehr,
so rette das eigene Leben!
Den Tod erleidet er eben.
Von Stunde zu Stunde gewartet' er
mit hoffender Seele der Wiederkehr,
ihm konnte den mutigen Glauben
der Hohn des Tyrannen nicht rauben.«

»Und ist es zu spät, und kann ich ihm nicht,
ein Retter willkommen erscheinen,
so soll mich der Tod ihm vereinen.
Des rühme der blut'ge Tyrann sich nicht,
dass der Freund dem Freunde gebrochen die Pflicht –
er schlachte der Opfer zweie
und glaube an Liebe und Treue.«

Und die Sonne geht unter, da steht er am Tor
und sieht das Kreuz schon erhöhet,
das die Menge gaffend umstehet;
an dem Seile schon zieht man den Freund empor,
da zertrennt er gewaltig den dichten Chor:
»Mich, Henker!«, ruft er, »erwürget!
Da bin ich, für den er gebürget!«

Und Erstaunen ergreifet das Volk umher,
in den Armen liegen sich beide
und weinen für Schmerzen und Freude.
Da sieht man kein Auge tränenleer,
und zum Könige bringt man die Wundermär';
der fühlt ein menschliches Rühren,
lässt schnell vor den Thron sie führen,

Und blicket sie lange verwundert an;
drauf spricht er: »Es ist euch gelungen,
ihr habt das Herz mir bezwungen,
und die Treue, sie ist doch kein leerer Wahn –
so nehmet auch mich zum Genossen an.
Ich sei, gewährt mir die Bitte,
in eurem Bunde der dritte!«

Die Bürgschaft

Zu Dionys, dem Tyrannen, schlich
Damon, den Dolch im Gewande;
ihn schlugen die Häscher in Bande.
»Was wolltest du mit dem Dolche, sprich!«
entgegnet ihm finster der Wüterich. –
»Die Stadt vom Tyrannen befreien!«
»Das sollst du am Kreuze bereuen.«

»Ich bin«, spricht jener, »zu sterben bereit
und bitte nicht um mein Leben;
doch willst du Gnade mir geben,
ich flehe dich um drei Tage Zeit,
bis ich die Schwester dem Gatten gefreit;
ich lasse den Freund dir als Bürgen –
ihn magst du, entrinn' ich, erwürgen.«

Da lächelt der König mit arger List
und spricht nach kurzem Bedenken:
»Drei Tage will ich dir schenken.
Doch wisse: Wenn sie verstrichen, die Frist,
eh du zurück mir gegeben bist,
so muss er statt deiner erblassen,
doch dir ist die Strafe erlassen.«

Und er kommt zum Freunde: »Der König gebeut,
dass ich am Kreuz mit dem Leben
bezahle das frevelnde Streben;
doch will er mir gönnen drei Tage Zeit,
bis ich die Schwester dem Gatten gefreit,
so bleib du dem König zum Pfande,
bis ich komme, zu lösen die Bande.«

Und schweigend umarmt ihn der treue Freund
und liefert sich aus dem Tyrannen,
der andere ziehet von dannen.
Und ehe das dritte Morgenrot scheint,
hat er schnell mit dem Gatten die Schwester vereint,
eilt heim mit sorgender Seele,
damit er die Frist nicht verfehle.

Da gießt unendlicher Regen herab,
von den Bergen stürzen die Quellen,
und die Bäche, die Ströme schwellen.
Und er kommt ans Ufer mit wanderndem Stab,
da reißet die Brücke der Strudel hinab,
und donnernd sprengen die Wogen
des Gewölbes krachenden Bogen.

Und trostlos irrt er an Ufers Rand:
Wie weit er auch spähet und blicket
und die Stimme, die rufende, schicket –
da stößet kein Nachen vom sichern Strand,
der ihn setze an das gewünschte Land,
kein Schiffer lenket die Fähre,
und der wilde Strom wird zum Meere.

Da sinkt er ans Ufer und weint und fleht,
die Hände zum Zeus erhoben:
»O hemme des Stromes Toben!
Es eilen die Stunden, im Mittag steht
die Sonne, und wenn sie niedergeht
und ich kann die Stadt nicht erreichen,
so muss der Freund mir erbleichen.«

Doch wachsend erneut sich des Stromes Wut,
und Welle auf Welle zerrinnet,
und Stunde an Stunde entrinnet,
da treibt ihn die Angst, da fasst er sich Mut
und wirft sich hinein in die brausende Flut
und teilt mit gewaltigen Armen
den Strom, und ein Gott hat Erbarmen.

Und gewinnt das Ufer und eilet fort
und danket dem rettenden Gotte:
Da stürzet die raubende Rotte
hervor aus des Waldes nächtlichem Ort,
den Pfad ihm sperrend, und schnaubet Mord
und hemmet des Wanderers Eile
mit drohend geschwungener Keule.

»Was wollt ihr?« ruft er, für Schrecken bleich;
»Ich habe nichts als mein Leben,
das muss ich dem Könige geben!«
Und entreißt die Keule dem nächsten gleich:
»Um des Freundes willen erbarmet euch!«
Und drei, mit gewaltigen Streichen,
erlegt er, die andern entweichen.

Und die Sonne versendet glühenden Brand,
und von der unendlichen Mühe
ermattet, sinken die Knie:
»O, hast du mich gnädig aus Räuberhand,
aus dem Strom mich gerettet ans heilige Land,
und soll hier verschmachtend verderben,
und der Freund mir, der liebende, sterben!«

Und horch! Da sprudelt es silberhell
ganz nahe, wie rieselndes Rauschen,
und stille hält er, zu lauschen;
und sieh, aus dem Felsen, geschwätzig, schnell,
springt murmelnd hervor ein lebendiger Quell,
und freudig bückt er sich nieder
und erfrischet die brennenden Glieder.

Und die Sonne blickt durch der Zweige Grün
und malt auf den glänzenden Matten
der Bäume gigantische Schatten;
und zwei Wanderer sieht er die Straße ziehn,
will eilenden Laufes vorüberfliehn,
da hört er die Worte sie sagen:
»Jetzt wird er ans Kreuz geschlagen.«

Und die Angst beflügelt den eilenden Fuß,
ihn jagen der Sorge Qualen;
da schimmern in Abendrots Strahlen
von ferne die Zinnen von Syrakus,
und entgegen kommt ihm Philostratus,
des Hauses redlicher Hüter,
der erkennet entsetzt den Gebieter:

»Zurück! Du rettest den Freund nicht mehr,
so rette das eigene Leben!
Den Tod erleidet er eben.
Von Stunde zu Stunde gewartet' er
mit hoffender Seele der Wiederkehr,
ihm konnte den mutigen Glauben
der Hohn des Tyrannen nicht rauben.«

»Und ist es zu spät, und kann ich ihm nicht,
ein Retter willkommen erscheinen,
so soll mich der Tod ihm vereinen.
Des rühme der blut'ge Tyrann sich nicht,
dass der Freund dem Freunde gebrochen die Pflicht –
er schlachte der Opfer zweie
und glaube an Liebe und Treue.«

Und die Sonne geht unter, da steht er am Tor
und sieht das Kreuz schon erhöhet,
das die Menge gaffend umstehet;
an dem Seile schon zieht man den Freund empor,
da zertrennt er gewaltig den dichten Chor:
»Mich, Henker!«, ruft er, »erwürget!
Da bin ich, für den er gebürget!«

Und Erstaunen ergreifet das Volk umher,
in den Armen liegen sich beide
und weinen für Schmerzen und Freude.
Da sieht man kein Auge tränenleer,
und zum Könige bringt man die Wundermär';
der fühlt ein menschliches Rühren,
lässt schnell vor den Thron sie führen,

Und blicket sie lange verwundert an;
drauf spricht er: »Es ist euch gelungen,
ihr habt das Herz mir bezwungen,
und die Treue, sie ist doch kein leerer Wahn –
so nehmet auch mich zum Genossen an.
Ich sei, gewährt mir die Bitte,
in eurem Bunde der dritte!«

Anmerkungen

Johann Christoph Friedrich von Schiller (* 1759 Marbach am Neckar, † 1805 Weimar) war einer der bedeutsamsten deutschen Dichter. Seine Freundschaft mit Johann Wolfgang von Goethe inspirierte ihn zu den größten Gedichten und Meisterdramen. Im »Balladenjahr« 1797 verfasste er einige seiner berühmtesten Gedichte wie »Der Taucher«, »Die Kraniche des Ibykus«, »Der Ring des Polykrates« und »Der Handschuh«. Schillers Schaffenskraft blieb trotz eines schweren Lungenleidens bis zu seinem Tode am 29. April 1805 ungebrochen.

Die Bürgschaft entstand im August 1798, ein Jahr nach dem »Balladenjahr«, und erschien zum ersten Mal im »Musen-Almanach für das Jahr 1799«, den Schiller von 1794–1800 herausgab. Der Autor wurde von einer Begebenheit inspiriert, die sich im 4. Jahrhundert v. Chr. in Syrakus auf Sizilien zugetragen haben soll. Dort stellte der Tyrann Dionysios II die Freundschaft zwischen Damon und Phintias auf die Probe. Schiller übernahm in seiner Ballade Details aus unterschiedlichen Überlieferungen und schmückte die Geschichte weiter aus. Im Gegensatz zu den antiken Texten, in denen Damon für seinen Freund bürgt, wird er bei Schiller verurteilt und braucht selber einen Bürgen, der jedoch namenlos bleibt.

Jenny Brosinski, geboren in Celle, studierte zunächst an der Fachhochschule Hamburg im Fachbereich Gestaltung und als Stipendiatin des deutsch-französischen Jugendwerks an der »Ecole supérieure des arts décoratifs« in Straßburg Illustration, anschließend an der Kunsthochschule Berlin Zeichnung und Bildhauerei.
Neben Kinder- und Künstlerbüchern zeichnet und malt Jenny Brosinski zu freien Themen oder erstellt großformatige Druckgrafiken. Ihre Zeichnungen wurden u.a. beim »Salon du livre de jeunesse« in Paris ausgestellt. Gemeinsam mit ihrer Katze und ihrem Freund lebt die Künstlerin in Berlin.

Sonderband der Reihe POESIE FÜR KINDER
zum 250. Geburtstag von Friedrich Schiller

© Kindermann Verlag, Berlin 2009
Alle Rechte vorbehalten
4. Auflage 2021
Illustrationen: Jenny Brosinski
ISBN 978-3-934029-34-7
www.kindermannverlag.de